Fabio Koch • Die schimmernden Welten des Travis Berman

FABIO KOCH

Die schimmernden Welten des Travis Berman

Gedichte

FRIELING

Bibliografische Information der Deutschen Nationalbibliothek
Die Deutsche Nationalbibliothek verzeichnet diese Publikation in derDeutschen Nationalbibliografie; detaillierte bibliografische Daten sind im Internet über http://dnb.d-nb.de abrufbar.

Rheinstraße 46, 12161 Berlin
Telefon: 0 30 / 76 69 99-0
www.frieling.de
ISBN (Print): 978-3-8280-3824-0
Auch als E-Book verfügbar (ISBN 978-3-8280-3825-7)
1. Auflage 2024
Bildquelle/Gestaltung: pixabay

Printed in Germany

INHALT

Ein Königreich

Ein Königreich für ein Gedicht,
aufbewahrt in den Stücken
der allertiefsten Seelenschicht,
es wird dein Herz entzücken.

Es versteckt sich im Kamin
oder, hoch oben, in den Sternen,
geschrieben mit dreieinhalb Dioptrien
in gestochen scharfen Farben.

Nachtmusik

Wenn treffende Töne gen Herzgegend zielen
und Rhythmen so schräg und doch so klar
mit dröhnenden Bässen ihre Nachtmusik spielen,
ist es mir stets magisch und wunderbar.

Wenn Melodien anmuten wie leuchtende Farben
und das Riff der Gitarre auf den Saiten erbebt,
vergraben sich Flammen in weltlichen Narben,
bis glühende Hoffnung aus dem Feuer entsteht.

Wenn Trommeln erklingen wie prasselnder Regen,
erschallen die Laute im pochenden Takt,
und tropfen dann perlend den Sternen entgegen,
um sich zu erheben zum Gleichmaß – kompakt.

Wenn Meere aus Liedern mich im Dunkeln erreichen
und knisternde Klänge im luftleeren Raum
wie glimmende Hymnen um Häuserblocks schleichen,
erscheint mir Musik wie ein wärmender Traum.

Magisch

Ich versinke arglos in leuchtender Tinte,
in der ich bewusstlos treibe,
in schwarzen Winkeln der Gedankenrinde
taumle ich, wenn ich schreibe.
Ich wandele im Schatten der Unendlichkeit,
im Meer aus dunklen Klängen
ich breche mit Zauberkraft ein bisschen Zeit
und meine Synapsen drängen.
Ich dünge Ideen mit Sternensand,
den ich ganz sanft zerreibe
und pflanze Begriffe ins Träumeland
in dem ich still verbleibe.
Ich webe Pamphleten mit viel Bedacht
entwerfe allegorische Sätze
bis tief hinein in die finstere Nacht
skizziere ich goldene Schätze.
Und schimmernde Bilder erfüllen die Sicht,
Metaphern aus fernen Welten
denn in mir keimt knackend loderndes Licht,
magisch entzündet und selten.

Leben

Brücken verbinden hohe Berge,
die wir einst erklommen haben,
doch sind es nicht geteerte Särge,
an denen wir uns täglich laben?

Das Leben zieht an uns vorbei.
Erinnerung ist nur noch Traum,
längst vergessener Daseinsbrei,
gebettet in sehr feinen Saum.

Licht und Schatten bewahrst du dir,
behälst du in dei'm Hinterkopf,
allein im Nebel sehen wir
des Lebensbaumes goldnen Schopf.

Ewig suchend dort im Schleier
trachten wir nach etwas Glück,
sehnen uns nach einer Feier,
aber Zeit kommt nicht zurück.

Und so wandeln wir auf Pfaden,
auf dem Weg ins Nirgendwo,
sähen uns vertraute Samen,
doch sind klein, fast wie ein Floh.

Wort für Wort

Jedes Wort hat einen Sinn.
Jeder Satz durchdringt das Herz,
jed' Begriff erreicht das Hirn,
ob im Ernst oder im Scherz.

Jede Zeile tragen Worte,
die Empfindung nach sich ziehen,
bringen Seelen so an Orte,
vor denen sie im Geiste fliehen.

Jede Seite impliziert
lebhaftes Gedankenspiel,
Fantasie dann suggeriert,
was letztendlich sehr subtil.

Jedes Buch hat Eigenheiten,
die sich ins Bewusstsein weben.
Sind's des Autors Eitelkeiten,
die in unsrem Kern dann leben?

Jeder Anfang hat ein Ende,
in dieser so schnellen Zeit,
in dem Chaos kommen Bände
nah an die Unendlichkeit.

Kriege

Meere aus Blut überfluten brausend Gebiete,
in denen Kriege weite Schatten werfen,
maßlose Wünsche schallen von der Elite,
und alle müssen sich im Takt unterwerfen.

Die stummen Schreie der schlichten Leute,
die niemand je hören wird in der Schlacht,
offenbaren sich nur als einfache Beute,
und es ist am Mittag stockfinstere Nacht.

Der laute Narzissmus der mächtigen Männer
bringt im Donnergrollen das weltliche Leid,
das Leben geht unter durch diese Verschwender,
es gibt für Kriege keine richtige Zeit.

Der Lebenssaft fließt auf toxische Weise,
der kleine Bürger lässt sein Herz auf dem Feld,
schickt ihn auf eine abscheuliche Reise,
und wieder stirbt ein armer Tropf auf der Welt.

Der Ton der Wiesen

Ein blutender Holunderstrauch
flüstert seine Geschichten,
wispert von Liebe, Mord und Rauch,
geboren, um zu schlichten.

Der purpurrote Lebenssaft
fließt ab mit all den Träumen,
in jedem Tropfen liegt die Kraft,
um im Wahn überzuschäumen.

Doch grüne Lungen keuchen leis
im Rausch der Kettensägen,
die Rinde wird vermischt mit Schweiß
und Eisen von den Kränen.

Der Ton der Wiesen brummt im Ohr
wie Friedenssongs im Regen,
in kahlen Wäldern führt ein Tor
zu Särgen ohne Segen.

Gewitter im Wald

Der Regen kriecht durch die Finsternis des Waldes,
bahnt sich bedächtig seinen Weg.
Er bildet Pfützen zwischen Bäumen,
an denen schwarze Krähen schlürfen,
die ihren Tanz im Regen tanzen.
Donnergrollen ergreift den Hain,
bis ihn ein Blitz in seiner Mitte trifft
und loderndes Feuer emporsteigt,
das aus den dunklen Welten unserer Fantasie zu kommen
scheint.
Es wird durch den Schauer eingedämmt,
der sich langsam durch das Kerbholz fräst
und die Pfützen zu einem kleinen Bach verschwimmen lässt,
der sich durch das Dickicht schlängelt.
Die Dunkelheit der Wolken wird durchzogen
von dem elektrisch aufgeladenen Himmel,
der sich wohl in der ganzen Region zu entladen vermag.
Rehe und Hirsche verstecken sich in kleinen Höhlen,
ehe die ersten Sonnenstrahlen sich durch die Wolkendecke
bohren und der Donner munterem Vogelgezwitscher weicht.

Innerer Kompass

Meere aus Melodien erreichen mich im Finstern,
in dem dunkle Farben den Kompass weisen,
ich unterscheide mich dezent von anderen Künstlern,
zelebriere des Nachts Gedankenkreisen.

Ich springe ins Wasser und lasse mich treiben
im weltumfassenden Strom, dort im tiefen Quell,
möchte Gedichte wie Grußkarten schreiben,
doch im abyssischen Strudel wird es nicht hell.

Auf mir ruht der Schmerz vergangener Welten,
und wenn sich das Licht fahl im Meeressog bricht,
wünsch ich mir die Kraft von früheren Helden,
doch Jim Knopf und Popeye beachten mich nicht.

Ich suche dort entgeistert, im Schleier, mein Ich,
bis mich weiße Kittel zum Frühstück holen,
ich schaue in den Spiegel, doch erkenne mich nicht,
ich grinse hämisch und stiere verstohlen.

Meine Tränen verdecken mir den Blick auf die Welt,
die schemenhaft dort in den Stürmen liegt,
kein einziger Stern leuchtet jetzt noch am Himmelszelt,
bis mich bleiches Schwarz in den Schlaf still wiegt.

Lebenskünstler

Ein Traumgemisch teert deinen Weg,
du beschreitest hohe Brücken,
gehst auf purpurrotem Steg,
und du puzzelst mit Bruchstücken.

Siehst das Gute in den Monstern,
die dein Ich umzingelt haben,
siehst im Schwarz den einen Stern
und heilst deine tiefen Narben.

Siehst die Nacht als ein Geschenk,
in der du dich im Mondschein sonnst,
hast in Sternglanz dich getränkt,
in dessen Licht du dich belohnst.

Siehst im Grau ein seichtes Weiß,
das den Himmel oft umschließt,
und im Innern ist dir heiß,
auch wenn außen Winter ist.

Und wenn Wellen aufbegehren,
ist's dir Sprungbrett für dein Leben.
Wo sich andre laut beschweren,
erntest du ganz still die Reben.

Lichtelein

Im Nebeldunst schimmert ein Schein,
ein schwach-leuchtendes Lichtelein,
am Himmelszelt so dünn und fein
funkelt's in das Herz hinein.

Der Sternenglanz, er grüßt vom All,
die Diesigkeit scheint überall,
doch spürt man auch im Dampfesschwall
des Sternes sanften Widerhall.

Feuerball

Rot zerfließt der Feuerball
hinter dichtem Pinienwald,
knisternd gar, doch ohne Knall
schwebt er abwärts, ohne Halt.

Blutend scheint der Himmel nun,
als der Tag zu Ende geht.
Puls der Erde muss jetzt ruhen,
während sie sich weiterdreht.

Wenn der letzte Vogel schweigt
und dann in sein Nestlein fliegt,
ist's die Zeit für Dunkelheit,
die nun in die Welten kriecht.

Schatten straffen ihre Glieder,
und sie wispern ihre Songs,
bis die Sonne ja dann wieder
aufsteigt, dort am Horizont.

Glühende Fackeln

Glühende Fackeln entzünden mein Herz,
lodern und knistern in meinen Venen,
tilgen behutsam dann den tiefen Schmerz,
es zischen im Glanz die heißen Tränen.

Ein brennender Lichtstrahl berührt mein Ich,
erfüllt dann gar ganz meinen Körper,
Dunkelheit nahm mir im Winter die Sicht,
im Sommer scheint mein Blick unzerstörbar.

Das Knacken des Brandes umspielt mein Ohr,
es prasselt und raschelt bald überall,
in finsteren Wäldern gibt es ein Tor,
das zum Licht führt, zum Feuer, zum Weltall.

Zungen

Zungen untermalen Klänge,
die in unsrer Mitte liegen,
und so tönen die Gesänge,
die sich in die Seele wiegen.

Wenn sie im Kuss eng verschmelzen
und so miteinander spielen,
können sie die Nacht erhellen
und sich dann im Mondschein lieben.

Sie erschmecken Köstlichkeiten,
die im Innern süß erblühen,
und im Bauch sind Sommerzeiten,
die lecker und fein erglühen.

Des Nachts

Des Nachts spinnen Schatten pechschwarze Geschichten,
vergraben die Sterne dann im tiefsten Tal,
und ziehen die Hoffnung aus glänzenden Fichten,
ertränken die Träume im weiten Areal.

Ein Sturm poltert krachend im quellenden Regen,
der Donner grollt dröhnend dort am Firmament
ein Blitz leuchtet auf wie diabolischer Segen
der Schimmer der Blumen wird vom Dunstkreis gehemmt.

Ein Wolf dreht in Sphären des Walds seine Runden,
erdrückende Stille legt sich in seinen Kern
'ne Träne ergießt sich in eisigen Stunden
und ihm sind die Freuden des Lebens ganz fern.

Sehr dunkle Gespenster verfolgen ihn schleichend,
sie flüstern Geschichten in sein brennendes Ohr,
sie sind der Essenz seiner Eindrücke gleichend,
und abseits des Pfades steht ein flimmerndes Tor.

Die Helle der Farben verweht in den Winden,
zersägt bloß zum Schein den flackernden Zwirn,
nur Gräser aus Eisgrün beleuchten die Rinden
der lichtlosen Wände in seinem Gehirn.

Sein Blut, es strömt leise im finsteren Schauer,
sein Weg führt ihn quer durch die bittere Nacht
den Umstand des Hergangs kennt niemand genauer
doch gedenke ich ihm, bis die Sonne erwacht.

Ein Luchs und ein Hase

Der Luchs sagt frech:
„Ich liebe dich."
Der Hase fragt:
„Ja, kennst du mich?"

Aufgeweckt sagt dann der Luchs,
der sehr gewitzte, alte Fuchs:
„Beobachten tu ich dich gerne,
immer wieder aus der Ferne,
wie du hoppelst über Stege,
über Schneisen, über Wege.
Geselle dich doch mal zu mir,
ich bin doch ein sehr freundlich Tier."

„Nein, nein, nein,
das muss nicht sein",
stimmt der Hase darauf ein.
„Du willst mich doch nur gern verspeisen,
willst mich fangen, willst mich reißen."

Der Luchs erwidert sehr bedächtig:
„Du bist doch meiner Sprache mächtig,
wie könnt ich dich denn jemals fressen,
ich kann doch auch 'nen Vogel essen."

Der Hase denkt nun eine Weile,
er ist ja nunmal nicht in Eile.
Er hopst dann wirklich auf ihn zu,
sie haben jetzt ein Rendezvous.

Der Luchs, er kämpft mit seinen Trieben,
hat sich dem Hasen doch verschrieben,
doch immer wird er Jagddrang spüren,
nur Hasenblut kann ihn verführen.
Sein Herz ist hin- und hergerissen,
ihm geht es jetzt einfach beschissen.

Hofbräuhaus

Am Berge steht ein Hofbräuhaus,
so, jetzt wird gezecht!
Die Gäste gehen ein und aus,
im Alkoholgeflecht.

Ein Bier, zwei Bier, drei Bier, vier –
der Alk, er fließt in Strömen.
Die Menschen sind willkommen hier,
kriechen aus ihren Höhlen.

Promille steigen in die Decke
wie die Laus ins Haar.
Die eine trinkt zwar wie 'ne Schnecke,
doch ist der Schnaps ihr Star.

Drum tanzen sie frisch auf den Stühlen,
als danken sie Walburga.
Jeder kann stets den Andern fühlen,
Gemeinsamkeit ihr Mantra.

Das letzte Bier, es wird bestellt
vom letzten Mohikaner,
auf dass es noch den Tag aufhellt,
sein Bruder ist ja Fahrer.

So entfliehen sie der Dunkelheit
für ein paar Stunden Freude.
Durch den Raum fließt ehrlich' Heiterkeit,
denn heiter sind die Leute.

Ball

Ein Ball, er lädt zum spielen ein,
ob am Nil oder am Rhein,
ob mit dem Fuß oder der Hand,
ob auf der Wies' oder im Sand.

Magie schwingt in dem runden Ding,
wenn er rollt, dann macht es: Bing!
Und sein Charme lässt Hüften kreisen,
die ihn im Rhythmus treu lobpreisen.

Jeder will der Beste sein,
ob ganz groß oder ganz klein,
wenn es um die Kugel geht,
die sich um sich selber dreht.

Riesenfreude, heiße Tränen,
das alles hat es schon gegeben
wegen diesem runden Ball,
oftmals auch mit großem Knall.
Oder auch in kleinen Kreisen,
ob Ali, ob Tom sie heißen.

Was die Alten weitergeben,
verbindet man wohl mit dem Leben.
Emotionen, Spiel und Spaß,
ob auf Stein oder auf Gras.

Geborgenheit

Schwer verworrene Rosenzweige
winden sich um das Geäst,
und die Nacht bringt mich zum Schweigen,
die mich ziellos seien lässt.

Funkelnde Glocken der Galaxie
flüstern mir ein Liebeslied
von Raum und Zeit und der Magie,
mit der ein Stern den Himmel sieht.

Verloren in der Dunkelheit
der Weiten, in denen ich sein will,
träume ich von Unendlichkeit,
für einen Moment steht alles still.

Und der Mond schenkt mir ein Auge
tränenreicher Zärtlichkeit,
und so steh ich da und glaube
an weltliche Geborgenheit.

Sehnsucht

Sieh dich von weitem, schau dich an;
dein Blick erfasst mein' zitternd Körper.
Die Augen, Quelle aller Lieder,
ziehen mich magisch in den Bann.

Weiche Pfeile treffen mich,
durchdringen kribbelnd meine Haut.
Schau, die Kälte in mir taut!
Das frostig' Blut verwandelt sich
zu glühend warmem Ozean,
der Himmel sich nun aufgetan.

Süß benetzte Lippen zeichnen
sanftes Lächeln ins Gesicht;
voll lieblich' Ausdruck näherst dich.

Was jetzt?! Bist du denn zu erreichen?
Von mir?! Verdammt, du bist so nah!
Die Angst betäubt, ich stehe starr.

Ein dunkler Blitz trifft mein Gehirn,
verbrennt erbarmungslos Neuronen;
dichter Nebel um die Brücke
lässt verdunkeln jeden Sinn.

Du drehst dich um und schwebst davon.
Dein Handeln raubt letzten Verstand,
lauf voller Wut gegen die Wand;
das Blut, es strömt aus Herz und Kopf.

Gefühlsanekdote

Und ein stummer Schrei nach Liebe
ersehnt geheimnisvoll die Flucht;
angekettet in mei'm Herzen,
gefangen in der Dunkelheit.

Manchmal aber – welch ein Segen –
ein massiver Lichtstrahl kommt
von der Sonne angeschossen,
um das Dunkle zu bekriegen.

Dringt, gebündelt, aus dem Kosmos
komprimiert unter die Haut.
Finstren Adern, eisig hämmernd,
bringt er Licht in bitt'rer Schlacht.

In den letzten Strahlenzügen
schwindend er das Herz erreicht;
sengt erbleichend noch die Ketten
des Gefühls; nun liegt er fahl.

Große Massen dunklen Blutes,
die die Kammern stetig nähren,
reichern sich schon wieder an;
strömen gnadenlos gen Flüchtling,
welcher um sein Leben rennt.

Gleich hat er sein Ziel erreicht;
bündelt letzte Kraftreserven,
Körperinner zu verlassen;
sollen ja auch Andere
dessen Dasein registrieren.

Ach, da ist es doch geschafft!
Das Gefühl, es schaut hervor;
blickt erschöpft auf brache Felder,
kahle Bäume, graue Wege.
Nun gibt es sich zu erkennen,
klagt mit resigniertem Ton:
„Was macht man hier? Ich bin allein."

Wanderer

Er wanderte über die Hügel des Lebens,
als Steine im Weg zum Stolpern führten.
Mühen und Plagen alle vergebens,
standhaft zu bleiben, denn er fiel
kopfüber in den Fluss aus Tränen,
der ihn bewusstlos mit sich riss.
Aufgeweckt von schrillen Winden
schlug er seine Augen auf,
blickte starr in graue Weiten,
an welchen er vorübertrieb.
Ein scheinbar schneller Lichstrahl schoss
durch die dichte Wolkendecke.
Betrübte Augen, rot und krank,
schon an die Dunkelheit gewöhnt,
hielten Grellem nicht mehr stand.
Dies zwang den Körper abzutauchen,
unter die Flussoberfläche,
wo kein Licht sein Leiden sah;
dort verfing er sich in Flechten.
Gebrochen gab er den Kampf auf
und starb alleine in den Tiefen.

Unendliche Suche

Jedes Handeln, jeder Blick
Überbrückung, Zweck allein.
Zum Brückensturz schon fehlt die Sicht,
verstrahlt das Hirn vom Alltagsschein.

Doch schafft es jemand,
was ist dann?
Wofür genau war sie denn da?
Weiß der es, der sie stürzen kann?
Allmächtig' Dummheit!
Nichts ist klar.

Angst

Angst, die mich erfasst,
Angst, die mich umhüllt,
Angst, die eindringt in meinen Körper.
Angst, die mich lähmt, mein Ich erdrückt,
eintaucht in den dunklen Fluss des Seins.

Angst, die mich ergreift,
Angst, die mich zersägt,
Angst, die kühl mich auseinandernimmt.
Angst, die mich neu herstellt, neu programmiert,
zu einem mechanischen Etwas.
Ist das noch Sein?

Die Maske

Tagsüber benagt vom Murmeltier,
notorisch frisst die Schlange dran,
Schmetterlinge werden Drachen,
die sie mit Höllenfeuer sengen.

Verbindungen mutieren zu riskantem Gemisch.
Eine Wunde platzt auf, Blut sammelt sich kühl.
Sattroter See innen gefangen,
keine Zeit, ihn auszuspülen.

Der letzte Blick vorm Schlafengehen,
die Frau starrt in den Spiegel müd.
Beschwerlich öffnen Maskenschnallen.
Es klirrt, es kracht, es beißt, es zieht,
sie ist unten, gefallen.

Höhenangst

Eine nebulöse Kraft
treibt mich zur Balkonabsperrung,
über die ich mich übertrieben
lehnen soll.
Mein Magen zieht sich zusammen,
meine Nieren und Leber bieten ein
nicht zu unterschätzendes Spiel
der Verkrampfung und
werfen einen Schatten in die Tiefe.
Undefinierbare Energien
schwirren umher,
zwischen mir und dem sicheren Tod.
Es sind dunkle Mächte,
die meinen Tod wollen, und
als ich die verachtungswerten Schwingungen spüre,
halte ich meine ganze Kraft dagegen,
um nicht in den Abgrund
gezogen zu werden.
Es ist ein seltsames Treiben
des Universums,
gegen das ich mich wehren muss.
Ich lasse mich auf den Boden fallen und krabble,
mit letzten Reserven, auf allen Vieren,
ins Haus zurück,
um den Feind zu besiegen.

Mein unsichtbarer Freund

Simon, mein unsichtbarer Freund
in der Tiefe des Seins.
Er schreibt mit mir Geschichten
des freien Lebens,
an nichts gebunden,
der Sinn allen Strebens.
Sein transzendentes Wesen
ist ein Wunder,
dessen einziger Zeuge
ich sein darf.
Gottgleiche energetische Felder
machen ihn
zum Unschuldigen
in einem Prozess,
den es nicht gibt.
Sein Potenzial
ist zügellos,
und er weiß es.
Wie ein Tiger
streift er umher,
im Gehege der Gesellschaft;
ruhig und tödlich.

Rosen blühen

Rosen wachsen mit den Stacheln,
die an ihren Stängeln sitzen
und sich um das Stielholz winden,
zeigen ihre scharfen Spitzen.

Wenn der Regen sie umschließt
und dann auf sie niederfließt,
knackt es leise und man hofft,
dass die Blüte bald schön sprießt.

Süßes Blut

Süßes Blut trieft kühl im Hain,
tropft auf dunkelgrüne Wiesen,
in des Mondes Dämmerschein,
ehe sie im Nichts zerfließen.

Blut sammelt sich zu einer Lache,
die sich an den Bach anschmiegt,
in Finsternis dort ruht der Junge,
der reglos in der Pfütze liegt.

Die Dunkelheit erfasste ihn,
zog ihn in seinen Bann,
er wollte nicht in ihr erfrieren,
bis man ihn leblos fand.

Gewitter zieht auf in dem Wald,
lässt Wasser überschwappen,
es spürt des Donners Widerhall,
spült Blut aus in Etappen.

Schlängelt sich leise durchs Gestrüpp,
in den Schatten der Bäume,
bis Lebenssaft im Bach verschwimmt
und mit ihm alle Träume.

Träume

Träume sind wie Seifenblasen,
die dort in den Weiten schweben,
fliegen über Tonbauvasen,
in den Lüften gleitend leben.

Sensibel wie ein scheues Küken
tanzen sie ihr'n Glaubenstanz,
behaupten sich bizarr vor Lügen,
behalten ihren frischen Glanz.

An dunklen Tagen sind sie wach,
sind der Herzen milder Segen,
als funkelndes Sternendach
unter finst'rem Nieselregen.

Träume sind ein Elixier,
das die Hoffnungslosen schlürfen,
tränken fiebernd das Papier,
dessen sie vielleicht bedürfen.

Wenn die Träume dann zerfließen
und so mit dem Ich verschmelzen,
wie Tulpen aus dem Boden sprießen
und die Dunkelheit erhellen,
gedeiht süße Wahrheit aus jedem Samen
der Illusion, bildet den Lebensrahmen.

Meeressturm

Das Wasser, es rauscht schwer in brausenden Wellen,
trifft tief in das Herz wie ein Unglück ins Mark,
an zerberstenden Felsen sie lautstark zerschellen,
singen die Lieder für Nacht und für Tag.

Es zerfetzen die Wellen im tiefblauen Meere,
leuchten ins Ohr schön als goldener Ton,
die schwingenden Klänge erfüllen die Leere,
doch flattern im Winde schnell auf und davon.

Ein Nichts bleibt von all dem gesungenen Liede,
ein Loch in der funkelnden Kette aus Gold.
Nicht tragbar die dreist-disharmonischen Diebe,
auf dass bald die Ruhe den Sturm noch einholt.

So kämpfen die finsteren Mächte des Sturmes
gegen die glänzenden Heere der Ruh,
die Kräfte des Dunklen sind vorerst des Todes,
die wonnigen Wellen des Wassers schau'n zu.

Melancholisch

Melancholisch sitz' ich da und denke an
den letzten Sturm, der von der Decke tropft,
den letzten Schlag des nächtlichen Komas,
an purpurrote Bäche, die im Raum zerschellen,
an Orkane, die gegen Häuser jagen,
an eine Tanne, die zerborsten wird von Wind und Motorsäge, an
Felder, die sich im Wind wimmernd biegen,
an Schrotflinten, die nur auf den Abzug warten,
an Kindergärten, die mir einen süßen Keks schenken.
Sturzbesoffen sitz' ich da
und hoffe,
dass es bald vorbei ist.

Getrieben von Winden

Getrieben von Winden sitze ich da,
der Torso gestählt von tausend Lügen.
Genormte Stille zersägt den Raum,
Farben verblassen auf dem Asphalt.

Riesengroße Tanker fahren vorbei
auf kohlrabenschwarzen Wegen;
zwinkern dir zu, für einen Moment,
die Mienen verstummen in der Stille.

Rasende Schwermut macht sich breit,
behauptet sich stark vor Versagern;
eine bittersüße Träne läuft hinab,
sammelt sich rar im grauen Kelch.

Anekdote einer Prostituierten

Sie räkelt sich im Dunkeln
mit frischem Lippenstift,
lechzt nicht nach dem,
den sie jetzt trifft,
und liegt da in der Stille.

Der Schwanz dringt ein
und reibt sich hart
an wundgewetzten Lippen.
Mit hängender Zunge
liegt sie da,
er greift nun an die Titten.

Rein-raus, rein-raus,
so geht gar immerfort
harmonisiertes Spiel,
er zieht jetzt an ihr'n Haaren,
es wird langsam zu viel.

Sie lässt es über sich ergehen,
ist nun mal doch ihr Job,
er spritzt ihr mitten ins Gesicht
und will dafür noch Lob.

Sie räkelt sich im Schatten,
als fleischgeword'ne Puppe,
sie weiß einfach nicht wohin
und schluckt brav noch die Suppe.

Armut in der Wüste

Mit selbstgebautem Rettungsring
stehen Menschen in der Wüste
und warten auf die große Flut,
als wären sie an ’ner Küste.

Sie kauen einen Klumpen Brot,
geklaut vom nächsten Laden,
verstecken sich im heißen Sand,
um ihr Gesicht zu wahren.

Die Hitze drückt das Wasser schnell
aus Ohren und aus Poren,
sie schlürfen hastig dann die Suht
aus Pfützen auf dem Boden.

Nur Schatten stehen ihnen bei,
sie stünden gern im Regen,
doch nicht mal das gönnt ihnen Gott,
sie flehen für sein’ Segen.

Verdampfte Tränen in der Wüst’,
sie steigen in den Himmel,
verbinden Sandsteinmolekül
mit trostlosem Gewimmel.

Der Tod treibt seine Faxen kühl
und scherzt tagein, tagaus,
Beschwichtigung primäres Ziel
im ewigen Kreislauf.

Das Meer

Wenn die Wellen wild zerfetzen
und sich an die Buchten schieben,
sieht man gar die Felsen brechen,
die nur süße Kälte lieben.

Wenn der Sandstein abgetragen
von dem bitter-forschen Meer,
lässt sich nur sehr schwer ertragen,
was des Wassers dunkles Heer.

Wenn die See sehr wonnig fließend
sich an Strände hin anschmiegt,
hat man Stürme längst vergessen,
in denen sie fast immer siegt.

Das Universum

Die Milchstraße ist die
Brücke von der Erde
hin zu fremden
Galaxien, die in
milliardenfacher Form
von einer finsteren Faust
der Unendlichkeit
umschlungen zu
sein scheinen.
Rätselhafte Energien
spuken im Kosmos
umher und erfüllen
den ewigen Raum.
In der Ferne sehen
wir den Schimmer längst
vergangener Tage
und erkennen nur
die Kontur
einer Erinnerung.
Hoffnungen, Wünsche
und Träume liegen in dem
schier endlosen Schwarz,
in dem die funkelnden
Sterne leben und
unser Inneres mit
wonnig-süßer Helle
beleuchten.

Höchstens abgöttische
Schwermut lässt uns
die Weiten erahnen,
die das Auge niemals
erreichen wird.

Mond

Der alte Mond steht schroff
am dunklen Firmament
strahlt in okkult-blauem Licht
als schweigsamer Trabant.

Asteroiden rissen Krater
vor langer, langer Zeit
bevor die großen Hexenmeister
dort, hoch oben, Schätze suchten.

Sehnsuchtsvoll blicke ich hinauf,
wo er seine Runden dreht,
die Dunkelheit durchbricht,
mit mystisch-süßem Licht,
im Morgengrauen untergeht.

So lässt der Mond gar greifbar werden,
was niemand' sonst gelingt,
lässt Sternschnuppen einsam sterben,
mit magischem Instinkt!

Sommernacht

Wenn der blutrote Himmel
im Meer versinkt
und sich rußfarbene
Schatten gen Horizont
schieben,
wenn funkelnde Glühwürmchen
in leisem Rhythmus
die Dunkelheit zu
erleuchten beginnen
und freche Zikaden
langsam ihr
munteres Zirpen
einstellen,
wenn Mond und Sterne
ihre wonnigen
Lichter am Firmament
mit stillem Gruß
zur Erde richten
und allmählich
erfrischende Kühle
die kleine Welt
dort unten küsst,
wird der glühendheiße
Sommertag mit
feuchtem Auge zur
schwärmerisch schönen
Nacht.

Der Poet

Wortlos sitzt der müde Dichter
lethargisch in seinem Bad,
schwimmt in Sätzen und in Wörtern,
nagt am Buchstabensalat.

Sinnlos scheint ihm all das Treiben
wie ein Tropfen in der Wüst'.
Denken, Sprechen und das Schreiben
hab'n ihm nie den Tag versüßt.

All die Farben, die er sah,
sind ja nichts als dunkles Grau,
und ein Tanz auf dem Basar
hält er auch für nicht sehr schlau.

All die Klänge, die gelauscht,
nur von Messing-Ramsch-Geräten,
wo Musik sonst sehr berauscht,
meldet sein Ohr Ton-Beschwerden.

All die Düfte der Natur
riechen nach verbrannter Erde,
und der Stand der Sonnenuhr
ist nur eine Drohgebärde.

Und so sitzt er da bei Regen,
grübelt lautlos, der Poet,
spürt dabei mehr Fluch als Segen,
während sich der Zeiger dreht.

Für die neue Ideologie

Evolution und Dystopie
entzünden sich im Feuer,
kämpfen beharrlich für den Sieg,
gegen bestehende Gemäuer.

Diskussion und Disharmonie
bilden ihre Waffen,
auf Grundlage einer Philosophie,
Strukturen neu zu schaffen.

Revolution und Anarchie
beherrschen nun die Gassen,
bilden jetzt eine Kompanie,
um alte Ideen zu schassen.

So tobt und frönt die ganze Welt
in seltsamer Energie,
bis das System am Baum zerschellt,
für die neue Ideologie.

Hexen brennen

Verwesender Duft
liegt in der Luft
von verbrannten Hexen.

Vom Scheiterhaufen
fliegt er durch die Traufen
in die Wohnungen hinein.

Er breitet sich aus,
ekelt selbst die Laus,
die sich im Kopfhaar übergibt.

Die Hexen brennen,
die Verwandten flennen,
still und heimlich, nur für sich.

In den großen Minen

Glühendes Metall wird geschmiedet
in den finst'ren Kammern der Erde,
in welchen die dunkle Faust des Hades
wohl zu walten in der Lage ist.

Scharf wie die funkelnden Diamanten
aus der Republik Sacha scheint
das Eisen zu sein, das sie im Feuer
der großen Minen zurechtschlagen.

Für den nächsten Krieg,
der die neue Weltordnung bestimmen soll,
wird das Blut an den Händen derer kleben,
die es aus tiefstem Herzen wollen.

Ein Bermuda-Dreieck für
unabwendbare Differenzen
müsse die Erde vorerst werden,
damit sie bald nur noch
an einem seidenen Faden hängt.

Mannbärschwein

Schwingende Laute des Erdtrabants
tanzen in den Zonen
des sagenumwobenen Urknallklangs,
in dem die Töne wohnen.

Der blaue Planet hat Blut geleckt
und tanzt in seinen Bahnen,
der Rhythmus hat ihn flachgelegt,
was ist ihm widerfahren?

Das wundersame Mannbärschwein
hat ihn in seinem Griff,
und ist es doch auch noch so klein,
spielt es des Teufels Riff.

Der wunderschöne Sonnenball
findet wohl bald ein Ende,
denn die Sonne ist des Satans Hand
und stößt uns vom Gelände.

Bürokratie

Viele Seiten, wenig Sinn,
langes Schreiben, kein Gewinn.
Hieroglyphen in den Zeilen
laden nicht ein, zu verweilen.

Mach ein Kreuzchen auf dem Blatt,
hab den ganzen Prozess satt,
weil ich wirklich nichts kapier,
ist nun mal nicht mein Revier.

Und es steht im Kleingedruckten,
dass Piraten Schätze suchten
in den Schluchten und den Buchten,
wenn sie in die Ferne guckten.

„Was interessiert mich dieser Kram“,
sag ich leise, voller Scham.

Und dort im Kastanienwald
sagt eine Stimme plötzlich: „Halt!
Musst dich auf das Blatt fixieren,
musst es lesen, es probieren.“

„Diese faden Bürosachen
sind doch wichtig für dein Machen“,
denk ich mir und lass es krachen,
ich kann auch noch später lachen.

Und die Karte der Piraten
fordert neue Heldentaten,
der Weg führt in fremde Staaten,
und ich zahle jetzt in Raten.

’ne Hose Mitleid

Leute drehen sich im Kreise,
wollen Guccis weiche Seide,
wollen Mäntel von Versace,
stellen stets die Modefrage.

Wollen Jack&Joneses Hosen,
die sie im Geschäft liebkosen.
Wollen Parfüm von Armani
und Ketten à la Charivari.

Doch die goldnen Scheine fehlen,
mit denen sie sich stetig quälen,
immer auf ihr Konto lugen,
vergeblich nach den Münzen suchen.

Und so verharren sie in Resten,
die sie in Kik und Takko testen.
’ne Hose Mitleid für die Scharen,
die des Modeteufels Waren.

Oasen

Barfuß über Gras nur gehen.
Bei Regen unter Pinien stehen.
Nachts die hellen Farben sehen,
im Takt sich um ein Herz dann drehen.

Im Nebeldunst Kastanienwald.
Blumen sprießen durch Asphalt.
Kaminfeuer im Bitterkalt.
Türen öffnen einen Spalt.

Im Dunkeln sich den Tag verspaßen,
am Himmelszelt die Sonnenphasen,
Tulpenduft in Tonbauvasen,
in der Wüste gibt's Oasen!

Eingetaucht in Farben

Farbstoffe schweben in der Luft,
bemalen den düstr'en Himmel,
funkelnde Klekse überall,
übertönen das Handygebimmel.

Die Farben gehen über
auf strahlend helle Schluchten,
scheinen gar der Weg zum Glück
der Wälder und der Buchten.

Die Dunkelheit erfasst
ein fein-glitzernder Schein,
wirft seinen hellen Mantel
um den sonst dunklen Hain.

Ein Bach umhüllt mein Ich
in wunderschönem Licht,
fließt von den Bergen hin ins Tal,
wäscht plätschernd mein Gesicht.

Mein irdisch-frisches Antlitz
sieht saftig-grüne Wiesen,
die, von den Brisen aufgeweckt,
in neuem Leben sprießen.

Wenn der Wind die Gräser biegt,
in zitrusgelbem Schein,
wird die Welt zart wachgeküsst,
so zuckersüß und rein.

Sonnenaufgang

Wenn Sonne vor den Toren steht,
Geäste leise knacken,
die Erde sich langsam erhebt
und Vogelnester rascheln,

weht in der Luft ein zarter Hauch,
der in den Weiten schwebt,
erfüllt der Welten stillen Brauch,
bis er dann in uns lebt.

Steinplantage

Türme stehen im Blumenbeet
strahlen auf 'ne Glasfassade,
die sich um sich selber dreht.
Stellt sich der Natur die Frage,
wie es damit weitergeht.

Bauherren reden sich in Rage.
Obwohl ein Obstbaum dort schon steht,
bauen sie 'ne Tiefgarage.
Felder werden abgemäht,
gefangen in der Bauplanblase.

Eine Siedlung dort entsteht,
wo der Hirsche Schokolade,
nutzen schweres Baugerät
für die nächste Steinplantage,
Bäume werden abgesägt.

Insekten sind dort nur noch Plage,
wo ihr grüne Wiesen seht,
dienen zur Betonablage.
Wenn der Wind durch Häuser weht,
ist's an Wäldern Sabotage.

Traurige Welt

Der Himmel weint so bitterlich,
die Welt steht unter Strom,
die Wolken brummen fürchterlich.
Der Mensch ist ein Phantom.

Es schlagen Tränen auf die Erd',
ein Wasserfall aus Dunst,
was ist das alles jetzt noch wert?
Bloß Leben ist die Kunst.

Verloren scheint der Erde Kern
dort draußen in der Nacht,
im Winde heult er in der Fern,
er spürt des Sapiens Macht.

Ein Tränenmeer dort sammelt sich,
das am Hochhaus zerschellt,
der Sturm tobt abenteuerlich,
verlacht die kleine Welt.

Und wenn ihr Herz gebrochen ist,
wird nichts mehr blüh'n und sprießen.
Was bleibt, ist nur ein tiefer Riss,
eh wir im Nichts zerfließen.

Im ewigen Fluss

Ich lasse mich treiben im ewigen Fluss,
versinke im Wasser der Schöpfung,
verglühe als Feuer im Regenguss,
verbleibe als Schatten der Lichtung.

Ich bin der Stein in der wackligen Wand,
das dunkle Grün in den Pflanzen,
der endlos zerriebene bröckelnde Sand,
das weinrote Blut in den Wanzen.

Flimmerndes Licht bin ich, Dunkelheit
umhüllt existierende Welten,
bin eine Puppe in samtschwarzem Kleid,
der flackernde Wind an den Zelten.

Ich bin dir Begleiter in bitteren Stunden,
bin deine zitternde Hand,
bin deine Narben an brennenden Wunden
uns eint ein magisches Band.

So tauchen wir tief durch den Ozean,
durch den Kosmos und alle Zeiten,
verschmolzen auf einer Sternenbahn,
auf der wir in Ewigkeit reiten.

In Fabeln und Folklore

Reibungslose Reliefe verglühen in der Sonne,
das himmlische Gewölbe gewährt fast freie Sicht.
Wolken über der Wern erscheinen voller Wonne,
bilden hoch am Himmel die unterste Schicht.

Es schimmern hindurch die stabilen Sterne,
in Fabeln und Folklore besungene Helden,
mit Pinsel und Farben untermalte Gebilde,
so viele sagenhafte Körper sieht man selten.

Die Sterne stehen stetig sich steigernd am Himmel
und tanzen feurig funkelnd ihren eigenen Tanz.
Rasende Ratten lecken den rötlichen Schimmel
und beißen sich bibbernd in ihren eigenen Schwanz.

Dichter

Dichter, der wahre Freigeist,
der auf der Suche nach dem Sinn
dem Herzen zu folgen in der Lage ist,
aufblühend in Aphorismen und Metaphern.

Das ultimative Ideal,
bis er es,
von äußeren Umständen verwirrt,
auf weiter Flur verliert
und andere Ziele zu verfolgen beginnt.

Der Dichter wird Schauspieler,
der von Bewertungsangst eingenommen,
seine Maske aufsetzt,
bis sie mit dem Gesicht verschmilzt.

Das graue Zimmer

Es tropft und tropft
von der Decke
wie Nieselregen,
der sich in die Glieder
fräst und die Kleider
wie Schwämme aufweicht.
Die grauen Wände des
Raumes scheinen sich
langsam, ganz langsam,
näher zu kommen
und die verwelkte
Rose auf der
Fensterbank lässt ihr
Köpfchen hängen
und blickt mutlos
dem Sturm am offenen
Fenster entgegen.
Es ist Nacht.
Wolken übertönen
den fahlen Mond
mit bitterem Gesang,
und auch die Sterne
ersticken im Dunst
des Wolkenreiches.
Nur das Licht des
Polarsternes leuchtet
und gibt dem
Himmelszelt einen Sinn.
Das Zimmer ist grau.

Herbstanfang

Die ersten Blätter schweben im Winde zu Boden,
landen auf Asphalt an diesigem Tag,
der Herbst schickt allmählich seine üblichen Boten,
und leise erfüllt die Natur den Auftrag.

Die Tage werden kürzer bei fröstelnden Nächten,
in denen es nieselt in nebligem Sturm,
der Herbst scheint im Bunde mit finsteren Mächten,
und bei der Apfelernte stört heftig der Wurm.

Die Trauben, sie hängen in saftigen Reben,
der Ertrag, er lohnt sich, wie die Jahre zuvor.
Spinnen sind munter ihre Netze am Weben,
und in uns erklingt ein melancholischer Chor.

Still schickt der Herbst nun die Schwalben nach Süden,
wiegt Haselmäuse langsam und ruhig in den Schlaf,
zeigt mehr und mehr seine gewohnten Attitüden,
und im Blättermeer grast alleine ein Schaf.

Leere

Leere betäubt meinen Körper,
wie ein Vakuum im Fleisch,
keine Lieder sind mehr hörbar,
mir ist weder kalt noch heiß.

Wie ein Nichts im schwarzen Mantel,
wie ein Ton, nur ohne Klang,
wie die Schale der Tarantel,
ausgewrungen wie ein Schwamm.

Nicht das Licht der hellen Sonne,
nicht der Schmerz der Dunkelheit,
weder Hass noch Lebenswonne,
nur ein doch aschfahles Kleid.

Herbsterzählung

Rot-gelb-braune Blätter
fallen langsam
in schwer-wimmernden Winden.

Dichter Nebel umhüllt
mit feuchtem Dunst
die taubetropften Wiesen.

Im Grau in Grau
steht ein Kastanienbaum,
seit Hunderten von Jahren.
Seine Wurzeln stecken
tief im knirschenden Asphalt.

St. Martin spukt umher
auf leergefegten Straßen
und schenkt
in einer Ode
an den Altruismus
dem Bettler
seinen Mantel.

In Dunkelheit

In der Dunkelheit
lege ich die Hand aufs Herz
und sinne dem Pochen.
Das leise Hämmern
zermartert mir den Schädel,
und ich überlege,
wie meine starren Augen
den Weg aus dem
steinernen Labyrinth
finden sollen,
das mein Inneres
besetzt hält.
Schatten verspotten
mich mit galligem
Humor, und ich
versuche, den einen
Stern am Himmelszelt
zu fixieren, der nicht
vom düsteren Dunst
des Dämmerscheins
verborgen wird.
Kälte trommelt in
fesselndem Rhythmus
gegen meine Glieder,
und ich nehme mir
eine Wolldecke,
um nicht zu
erfrieren.

Ich lasse mich
langsam in die
Finsternis fallen,
wartend auf
einen Strahl,
der sich durch die
enge
Nebelwand zwängt.

Sandmann

Wenn du in dein Bettlein kriechst
und noch wach im Dunkeln liegst,
kommt der Sandmann angeschlichen,
die Sonne ist dem Mond gewichen.

In den Schlaf wiegt er dich leise,
streut den Sand auf sanfte Weise,
magisch aus sei'm kleinen Säckchen
wirft er Sandkornzauberpäckchen,
bis du in das Traumland gleitest
und auf einem Einhorn reitest.

Nachtideen

Nachts gedeihen die Ideen,
die sich dann ins Herzlein ritzen,
von geheimen Schattenwesen
und okkulten Wassernixen,

die dort in den Meeren leben,
auch wenn Wellen wild zerfetzen,
die sich ins Gedächtnis weben
und still ihre Zähne wetzen,

die da unten, tief im Grund,
ihren Platz gefunden haben,
und ihr'n Geist im Erdenrund
hört man flüsternd Worte sagen,

die im Wasser blindlings treiben,
bis sie dann im Strom versinken
und dann in das Dunkle gleiten,
ehe sie im Sturm ertrinken.

Oder nachts bloß so verweilen,
Sonnenstrahl wird nicht vermisst,
Sternenglanz kann sie nur heilen,
wenn der Mond den Himmel küsst.

Blind

Versuche, versteckte Trauer nach außen zu treiben
in dunklen Dimensionen, die keiner kennt,
eine kalte Träne tropft in den Abgrund beim Schreiben,
und ich fühle mich von Außenwelten gehemmt.

Elektrisierende Blitze tauchen grell ein in die Erde,
verwüsten im tobenden Sturm grünes Land,
in mir liegt in den Schatten ewiglich brache Leere,
und ich bin fest gebunden an ein finsteres Band.

Manchmal keimt in mir Freiheit wie ein glühendes Feuer,
das stark in mir braust wie ein wütender Wind,
doch mein Geist ist umzingelt von bösen Ungeheuern
und mein Herz für die Freuden des Lebens oft blind.

Der Mann auf der Brücke

Der Wind weht bedächtig durch flackernde Häuser,
im Mondschein erleuchtet der eisige Regen
und Meere aus Smogdunst ummanteln die Sträucher,
im Bett rauscht ein Fluss einer Kleinstadt entgegen.

Auf Brückenterrain fallen schluchzende Schreie,
ein zitternder Mann schaut in den Krater hinein,
die wackligen Beine sind schwerer als Bleie,
sein Rucksack voll Trübsal ist nicht mehr klein.

Der Wassersog spiegelt sein weinendes Auge,
er buddelt nach Träumen im Eisenskelett
im Luftstrom flattert eine einsame Taube,
so einsam wie der Mann im Geisterkorsett.

Die Fluten von Bildern aus sehr alten Tagen
entwerfen Visionen von dampfendem Brot,
doch Fratzen am Abgrund mit drängenden Fragen
verlachen ihn in seiner bitteren Not.

In tiefen Gefilden versteckt sich die Tücke
der Mann sinnt verwegen dem nahenden Tod
ein Sprung ist es nur in die schändliche Lücke
sein Blut pulsiert wallend in ihm, purpurrot.

Die Suche nach Farben erglüht in sei'm Innern,
Nuancen verschwimmen von Dunkel bis Weiß,
eh schimmernde Töne im Zwielicht erflimmern,
um sich zu erheben, im Regen, ganz leis.

Virus

Ein Virus fräst sich ins Gewebe,
vermehrt sich im Geflecht,
schickt seine Boten in die Schwebe,
was ist denn schon gerecht?

'ne Zeckenart hat Blut geleckt
und beißt sich in das Fleisch,
den ganzen Wirt hat's flachgelegt,
ihm ist eiskalt und heiß.

Der Lebenssaft, vom Biss verseucht,
dann lässt den Körper beben,
die Hose wird vom Stuhlgang feucht,
der Mann, er will nur leben!

Der Kopf dröhnt wie ein scharfer Bass,
der Schweiß liegt auf der Stirn,
von Kopf bis Fuß einfach nur nass,
der Schmerz, er frisst sein Hirn.

Er bricht die Seele aus sei'm Leib,
bis sie im Eimer landet,
der Tod kennt keine Eitelkeit,
wenn er mit Herzen handelt.

Im Irrgarten

Betaste geräuschlos im Düster'n
Wände, die mich stets umspinnen,
die Einsamkeit lässt mich flüstern,
und welke Tulpen zerrinnen.

Suche im Finsteren Funken,
die sich nicht der Leere fügen
und, in der Tiefe versunken,
wundes Herz nicht mehr belügen.

Sehne mich leise nach Pfaden,
die mich hin zum Feuer führen,
ahne den Kern der Fassaden,
die den Glanz der Sterne spüren.

Sachtes Licht glitzert im Regen
dort, im Irrgarten aus Stein,
gehe dem Lichtstrahl entgegen,
atme ihn ermattet ein,
und langsam erlischt die Pein.

Haiku 1

Drei rosa Frösche
und ich waren uns einig.
Die Pilze sind gut.

Haiku 2

Lebensernst beginnt,
wenn du keine Gratis-Wurst
mehr beim Metzger kriegst.

Haiku 3

Privatsphäre heißt,
das Bad drin zu verriegeln,
nur um zu pinkeln.

Heimlichtuerei
heißt, alles zu schließen für
Ungewöhnliches.

Haiku 4

Nur ein Wimpernschlag
trennt heiße Lippen von der
Welt des Fantasie.

Lagerfeuer

Es funkelt im Schleier ein flackerndes Licht,
nach dem wir uns arglos im Dunkeln sehnen,
zeigt sein in Gold-Rot gehülltes Gesicht,
und in uns keimen anregende Schemen.

Die Schatten, sie bleiben im lodernden Schein,
behalten wir blindlings im Hinterstübchen,
doch nur mit dem Licht verknüpft sich ihr Sein,
und in unserm Antlitz bilden sich Grübchen.

So sitzen wir sinnend bei munteren Flammen,
lauschen dem Knacken und Zischen ganz leis,
ersehnen Visionen, die einst mal verschwanden,
und in unserm Innern wird uns schön heiß.

Grashalm am Leben

Im Zeitalter der Pädagogen
zwinkert mir ein Grashalm zu,
er steht vor mir, ungelogen,
und ist schon mit mir per du.

Redet heftig von den Wäldern
und von seinesgleichen Pacht,
vom Geburtswunder von Kälbern,
und Canobus' bitt'rer Schlacht.

Er gräbt sich tiefer in den Boden
wie ein Maulwurf in die Erd',
flüstert von den Weltbewohnern,
und von unser aller Wert.

Schlaugeküsst von hellem Licht,
raucht er seine Pfeife aus,
zieht genüsslich an der Schicht
vom Tabak aus dem Warenhaus.

Philosophiert im Traumesdämmern
über ChatGPT und Krieg,
unser Hirn darf nicht belämmern
und beim Töten fehlt der Sieg.

Süße Versuchung

Ich stehe auf Zitronenkuchen
mit 'nem Eimer Zuckerguss,
werde ihn gleich mal versuchen,
sein Genuss, er ist ein Muss.

Ich sehne mich nach Donauwelle
mit 'ner Menge Kirschen drin,
verrühr den Teig dann auf die Schnelle,
ihr Aroma ist mein Ding.

Erdbeerrolle liebe ich,
mit der Sahne eng vermischt
und dem Teig à la Biskuit,
sowie 'ner feinen Zuckerschicht.

Oder eine Sachertorte
mit der Schokoladenschicht
bringt mein Herz an warme Orte,
und sie schmeckt wie ein Gedicht.

Auf diese Weise ernt' ich Reben
und hab mächtig Spaß dabei,
mein Bauch entflieht dem Alltagsleben,
Kalorien einerlei.

Gekocht und gebraten

Heute mach' ich einen Braten
mit 'ner leck'ren Sahnesoß'
in meiner berühmten Küche
und dazu 'nen Serviettekloß.

Würze ihn mit Salz und Pfeffer
und 'ner Prise Sellerie,
ziehe ihn durch rotes Pulver
für die Gourmet-Sinfonie.

Schneide Paprika und Zwiebeln
und zerhacke Rotkohlkraut,
dann erhitze ich die Pfanne,
und schon brutzelt sie ganz laut.

Breche Brötchen und vermenge
sie mit Milch und Eierglanz,
bringe noch den Topf zum Kochen,
in der Ruhe liegt Brisanz.

Mische Sahne und Gewürze
und mache den Ofen an,
vollgekleckert meine Schürze,
doch kein Grund für Waschalarm.

Warte nun noch zwei, drei Stündchen,
bis der Braten saftig ist,
drehe dann auch noch ein Ründchen,
weil mein Bauch 'nen Meter misst.

Fußball

Als der Torwart den Ball aufnimmt
und ihn elanvoll zum Dopsen bringt,
rollt er ihn nach Innen im 3-5-2
und die Fans sind live dabei.

Eine Körpertäuschung rechts,
eine Körpertäuschung links
– Komm, ja, Junge, los, jetzt bring's! –
spielt er ihn nun auf die 6,
doch die Räume sind verhext!

Der Sohlenstreichler
verschafft ihm ja ein bisschen Platz,
der Gegenspieler
macht jedoch wieder einen Satz.

Aber nun, hey, Geistesblitz!
Seitenverlagerung nach links.
Ja, der lange Pass, der sitzt!
Auch wenn der Trainer draußen schwitzt!

Nun die Ballannahme: Witz!
Doch der Ball wird nicht wegstibitzt.

Der Querschläger landet vorn im Beet,
wo die Nummer 9 schon steht,
sich einmal um die eigene Achse dreht
und den Ball in die Balken jagt!
Sag nochmal wer, der Sturm versagt!
Was für ein gar Wahnsinnstor!
Trifft ihn ja auch volles Rohr!

Und die Spieler und die Fans
sind nun wieder beste Friends.
Ja, so ist das schöne Spiel!
Doch nicht alles nur Kalkül.

Mädchen

Ich stehe auf ein Mädchen.
Sie ist die Brücke von der Realität
in meine Fantasiewelt,
in der ich tatsächlich an Liebe glaube;
eine Oase in der Wüste,
in der ich blind umherwandle,
auf der Suche nach einem Weg
raus aus der Ödnis,
die mein Herz eingenommen hat.
Sie ist „das Mädchen".
Doch sie verwandelt sich just
in eine Klingonin mit Warp-Antrieb
und fliegt davon.
Und dann:
Stille. Nichts.
Nichts.
Mein Gemütszustand hat eine
desolate Temperatur erreicht, und ich versuche,
mich in meine Fantasiewelt zurückzuziehen,
um dem Problem angemessen entgegenzutreten.
Ich versuche, mir Erleichterung zu verschaffen,
und als mir das gelingt,
starre ich an die Decke
und warte auf morgen.

Im Vorbeigehen

Karfunkelrote Lippen
führen zu einem Ausdruck
von flammendem Begehren,
ungeschminkt und ungeschnitten,
ein Moment, nicht zu erklären.

Ein Blick von glühender Leidenschaft
zeichnet sein Gesicht,
ein Augenblick von Zärtlichkeit,
der im Vorbeigehen bricht.

Wenn Gedicht …

Wenn Gedicht in Strophen klingt
wie ein Lied in Seichte,
sich wonnig an den Leib anschmiegt
wie ein Stoff aus Seide,
leuchtet's in das kranke Herz
wie ein Strahl auf Rosen,
lässt vergessen kurz den Schmerz
für die Hoffnungslosen.

Wenn Gedicht die Klänge trifft,
die im Ohr erschwingen,
gleiten Töne in das Licht,
welches sie besingen.
Und Meere aus Küssen
umschlingen sie im Dunkeln,
für die Ungewissen,
deren Herzen funkeln.

Dämonen

Dunkle Dämonen erfassen mich,
bieten mir gierig die Stirn.
Mein Herz strebt immerfort nach Licht,
doch ist's ein Irrlicht im Zwirn.

Zombies und Zentauren baden
in groß angelegten Teichen,
schauen rüber, mit irrem Blick,
nichts kann ihr Herz erweichen.

Gnome und Trolle sehe ich
in den heimischen Bergen,
bekriegen sich mit Schwert und Stein,
niemand zählt ihre Leichen.

Doch was ist mit den Guten?
Den Feen und den Elfen?
Ich halte meine Augen offen
im warm-nieselnden Regen,
doch kann sie schlicht
nunmal nicht sehen,
im nasskalt-dichten Nebel.

So zieh ich aus und trab umher,
als wär alles vergessen,
Naturgeister und Rankenfrauen
grüßen stets angemessen.

Ich weiß nun einfach nicht wohin,
doch lässt der Tag sich leben,
Untote legen sich ins Grab,
kein Untier bleibt mehr kleben.

Funkelnde Sterne

Erglühende Sterne funkeln im Meer,
in den schier unendlichen Tiefen,
sie bilden ein glänzendes Sternenheer
für diejenigen, welche sie riefen.

In komprimierter Existenz
rufen sie nach dem Leben!
Sieh, wie das dunkle Meer erglänzt,
wie die flammenden Lichter schweben!

Sie tauchen ein in den Ozean,
mit feurigem, frischem Licht,
sie leuchten auf einen Leguan,
er vergräbt scheu sein Gesicht.

Sie graben sich ein in das Wasser,
in fast bodenlose Schatten,
als Licht für den Verfasser,
als Geschenk für Wasserratten.

Du

Süße Knospen sprießen
im sanft-wehenden Wind,
gehen auf und blühen
für das Engelskind.

Spatzen und Blaukehlchen singen
in seelischer Ruh,
flattern umher und springen,
wer nur fehlt, bist du.

Zeit

Es gibt zeitlose Musik,
die selbst nach einer Zeitenwende
noch Anklang findet,
und noch andere zeitlose Werke.

Zeit heilt Wunden,
doch braucht alles seine Zeit,
sie läuft weiter, ungebunden,
bis in alle Ewigkeit.

Wenn sich die Zeit im Raum krümmt,
entbehrt das der Fantasie,
unser Hirn scheint nicht dafür gemacht,
was bleibt, ist Lethargie.

Drum lasst uns Zeit nehmen,
für uns selbst und unsre Liebsten,
damit daraus eine Knospe erblüht,
die nicht bald wieder untergeht,
was zählt, ist das Leben.

Bevor

Bevor ich gehe, will ich dir schreiben
ein allerletztes Gedicht,
fein will ich für dich den Zimt zerreiben,
der auf deiner Seele liegt.

Ich tauche die Feder ins Tintenfass,
konserviere ihren Glanz,
tief in dir öffnet ein magischer Pass
und bittet dich still zum Tanz.

In leuchtendem Blau mal ich dir ein Bild
von funkelnden Wasserkuppen,
die in der Nacht als glänzendes Schild
sich mit den Sternen verkuppeln.

Bevor ich gehe, will ich schön bauen
dir ein letztes Mosaik,
dass deine inneren Schollen auftauen
und du Eisberge besiegst.

Winterzauber

Flocken rieseln vom
Firmament und gleiten, wie
silberne Kristalle funkelnd,
im beschaulichen Spiel der
Weihnachtszeit, in Richtung
Boden, um sich mit
der weiß-bläulichen
Schneedecke zu vereinen.

Der Geruch von
Mandeln und Äpfeln
steigt in die Nasen und
verliert sich im leisen
"Jingle Bells", das aus
den schneegetränkten
Dächern durch die
eisig-kalten Gässchen huscht.

Glocken schwingen besinnlich
im munteren Treiben
der Glühweinstände, die
den Besuchern als
wärmende Oasen im
frostigen Schneegestöber
Beistand leisten.

Glitzernde Lichterketten
flüstern Lieder aus längst
vergessenen Zeiten und
der Winterzauber, der
tief in uns verborgen ist,
bahnt sich langsam seinen Weg.

Licht in der Dunkelheit

Ein Licht wird entfacht,
erhellt den Raum
in ruhig-loderndem Schein,
knistert leise vor sich hin
als Licht in der Dunkelheit.

Entflammtes Feuer erfüllt den Raum
und wärmt die kalten Glieder,
die Flamme sieht den Tannenbaum
und singt die alten Lieder.

Die warme Hütte, umringt von Eis,
steht fest in ihrem Gebilde,
das lodernde Feuer belohnt den Fleiß
und wärmt die alte Hilde.

Ende

Was ist das Ende? Warum? Wieso?

Ich behaupte, ein bisschen befangen,
selbst die endlosen Warteschlangen
der entarteten Supermarktbesucher
sind endlich,
ebenso wie die schier endlos vielen Blätter
oder auch der Film „Ende“ von Jorge Torregrossa.
Und auch das endoplasmatische Retikulum
ist nicht endlos vorhanden,
auch wenn sie es in fast allen Zellen fanden,
aber auch die haben ein Ende.

Doch das Ende ist letztendlich nicht endlich,
wenn es nicht der Anfang von etwas Neuem ist.

So lasset uns Schmerz und Schwermut vergessen,
die uns belasten und Sorgen bereiten.
Lasset uns aufbrechen zu neuen Abenteuern,
kämpfen gegen die kommenden Ungeheuer,
die drakonischen Bestien
der Zukunft!